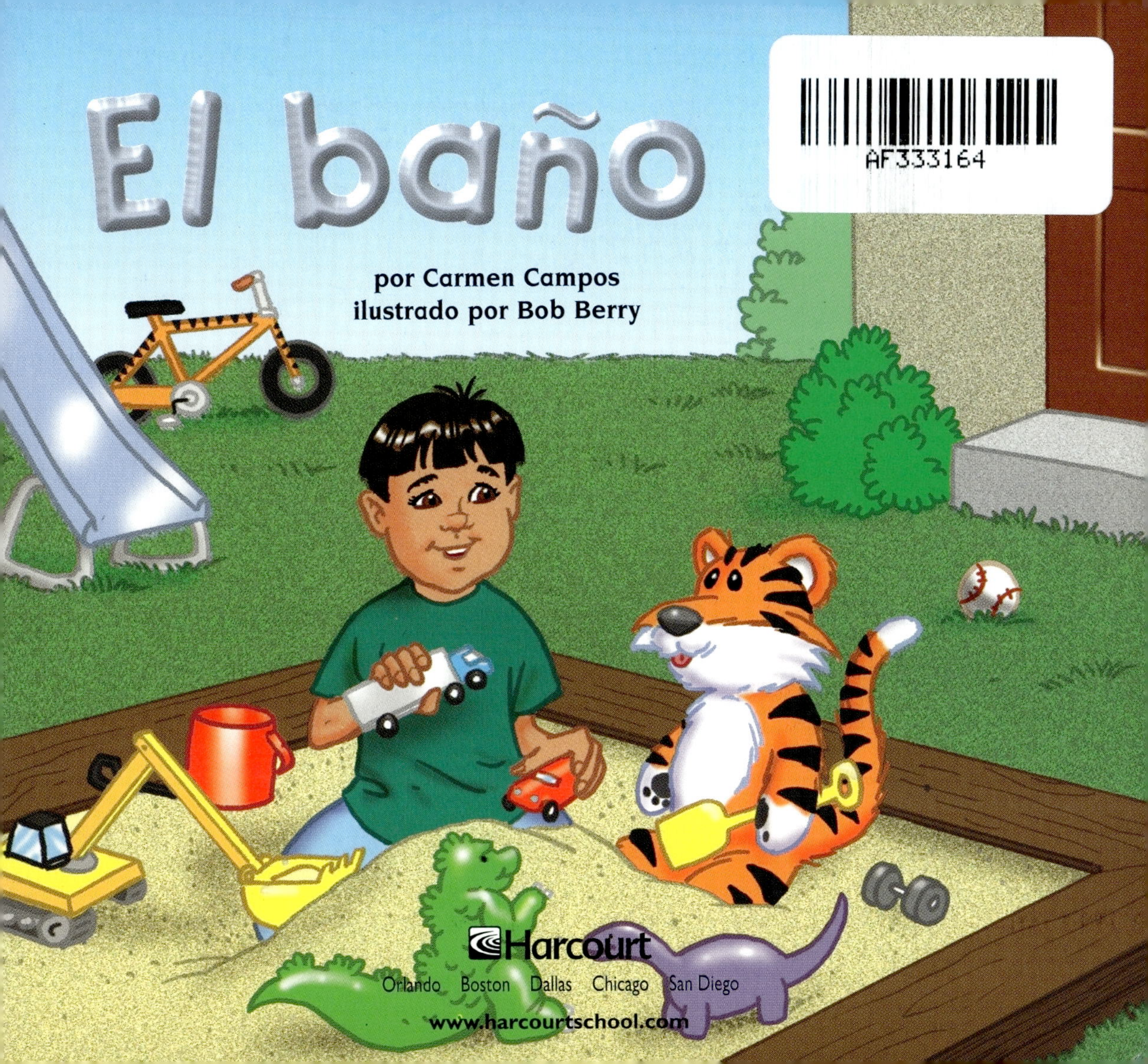

El baño
por Carmen Campos
ilustrado por Bob Berry
AF333164
Harcourt
Orlando   Boston   Dallas   Chicago   San Diego
www.harcourtschool.com

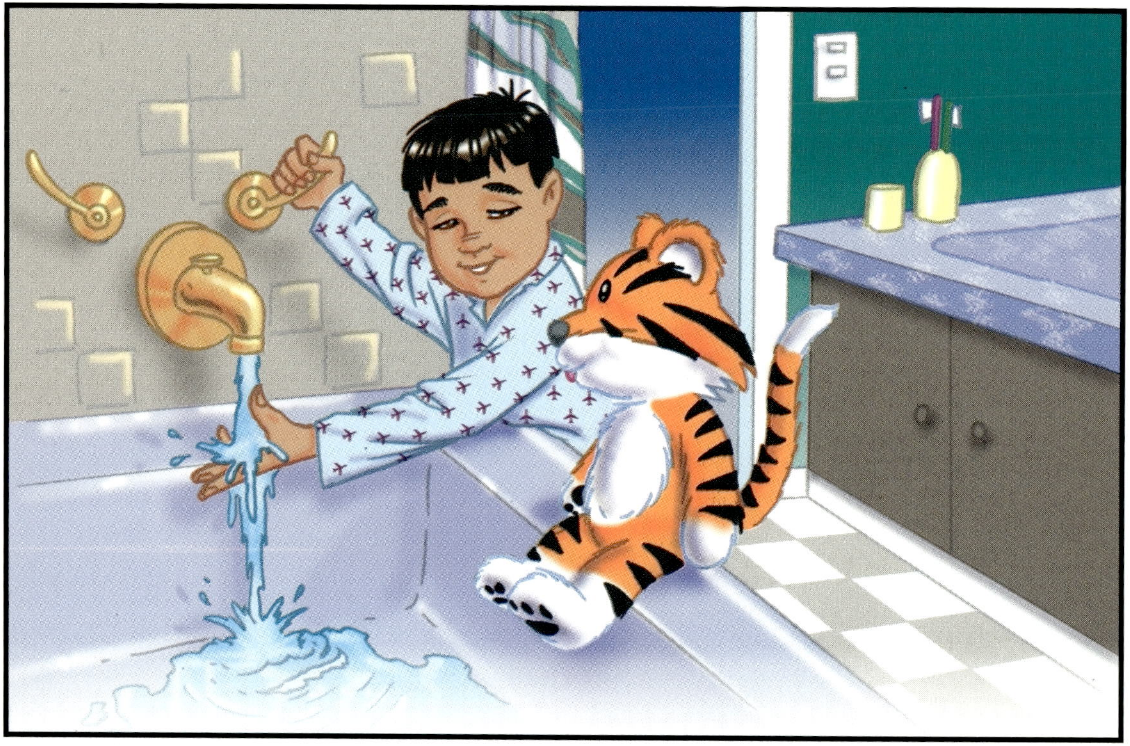

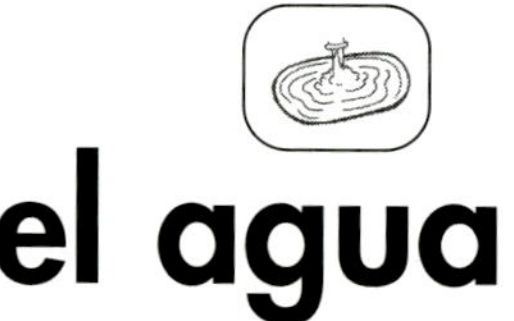

el agua

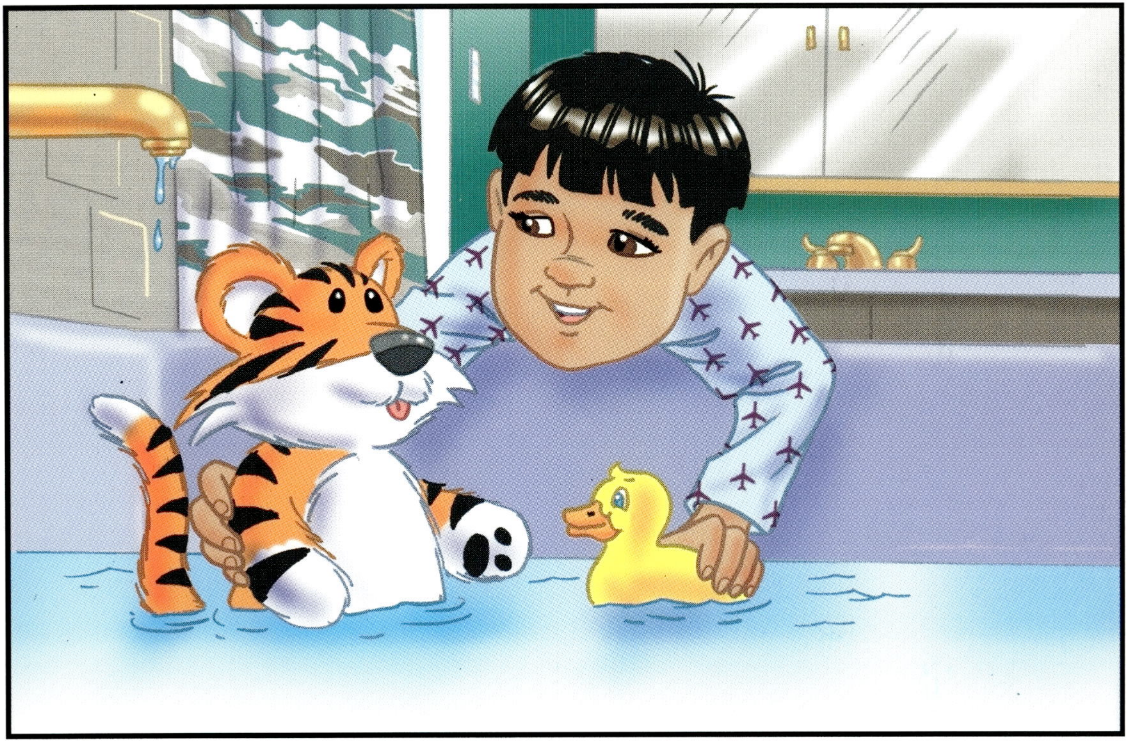

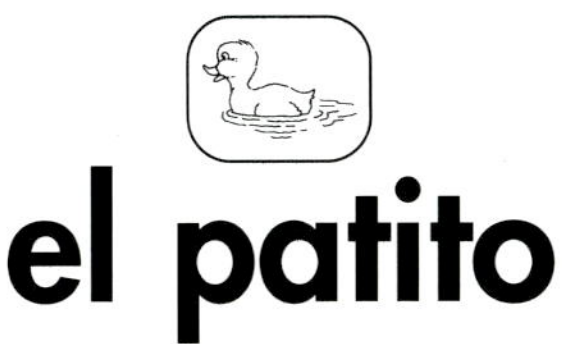

el patito

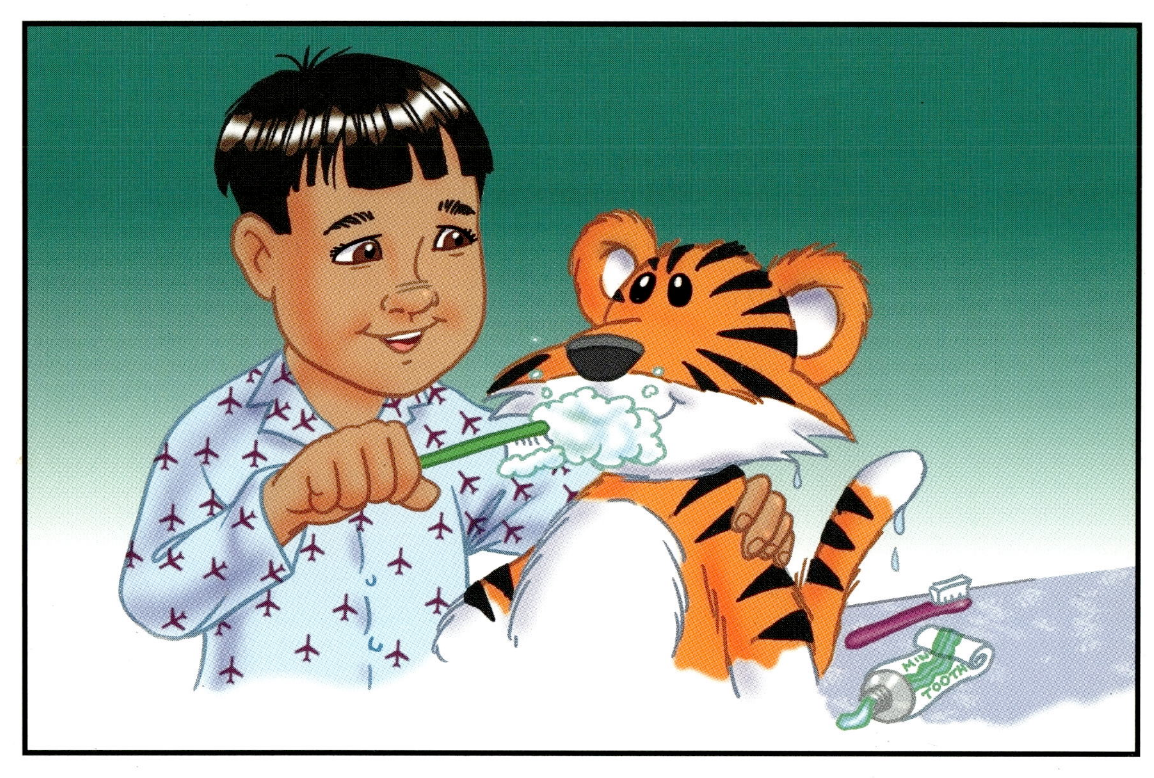

el cepillo de dientes

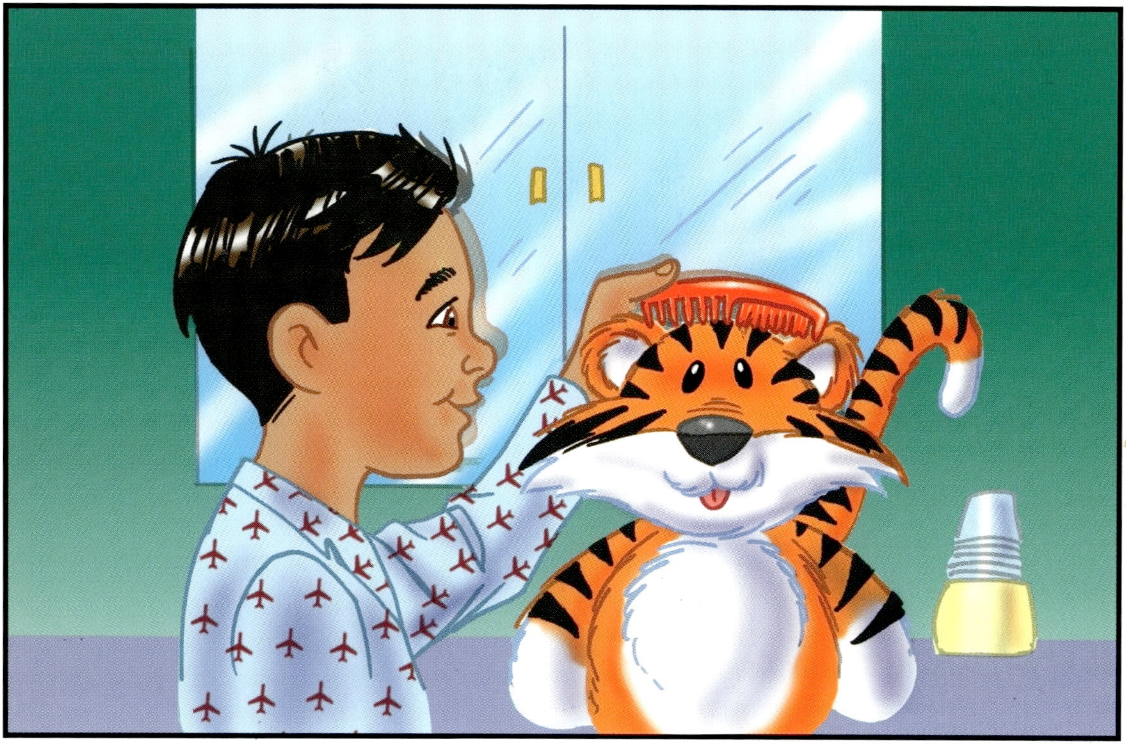

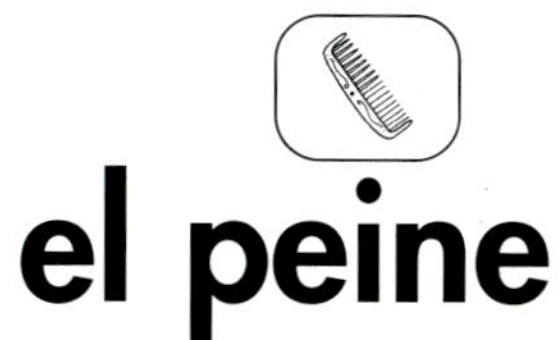

el peine

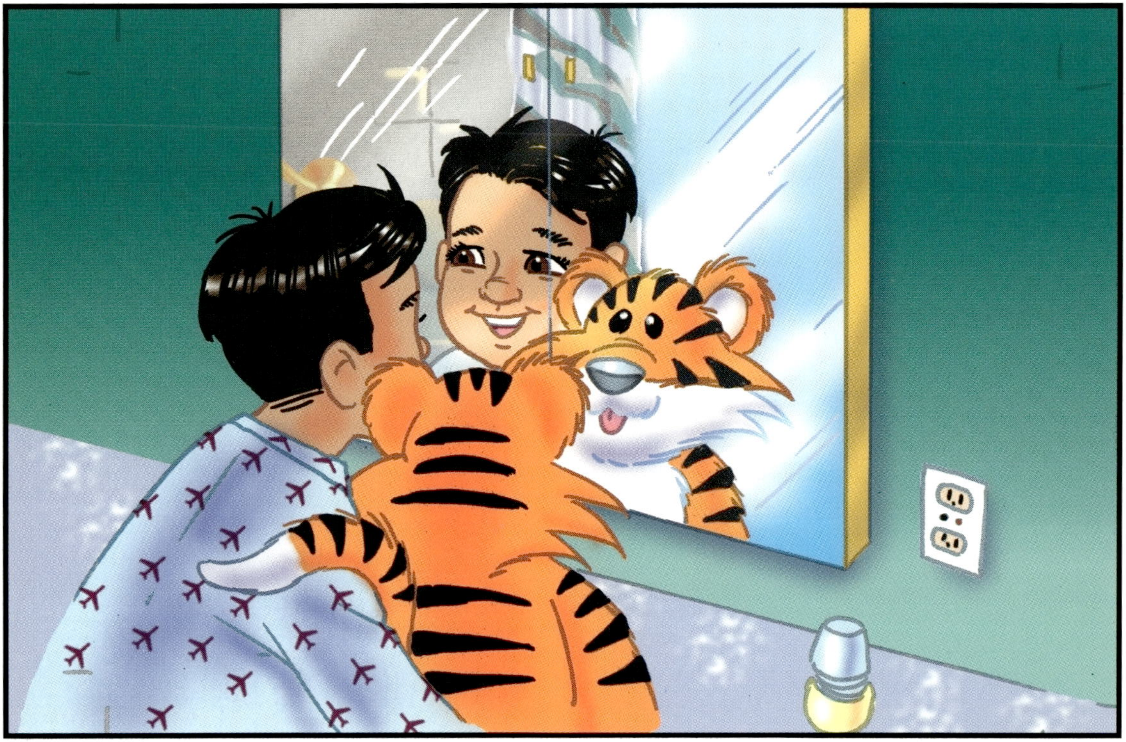

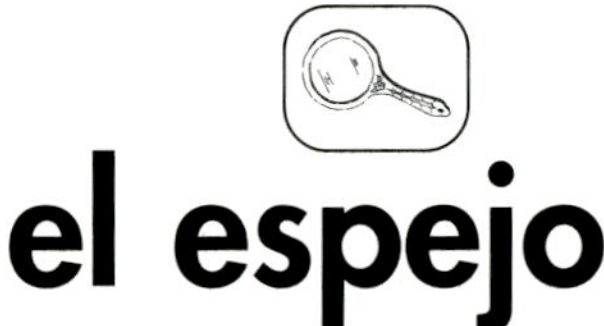

el espejo

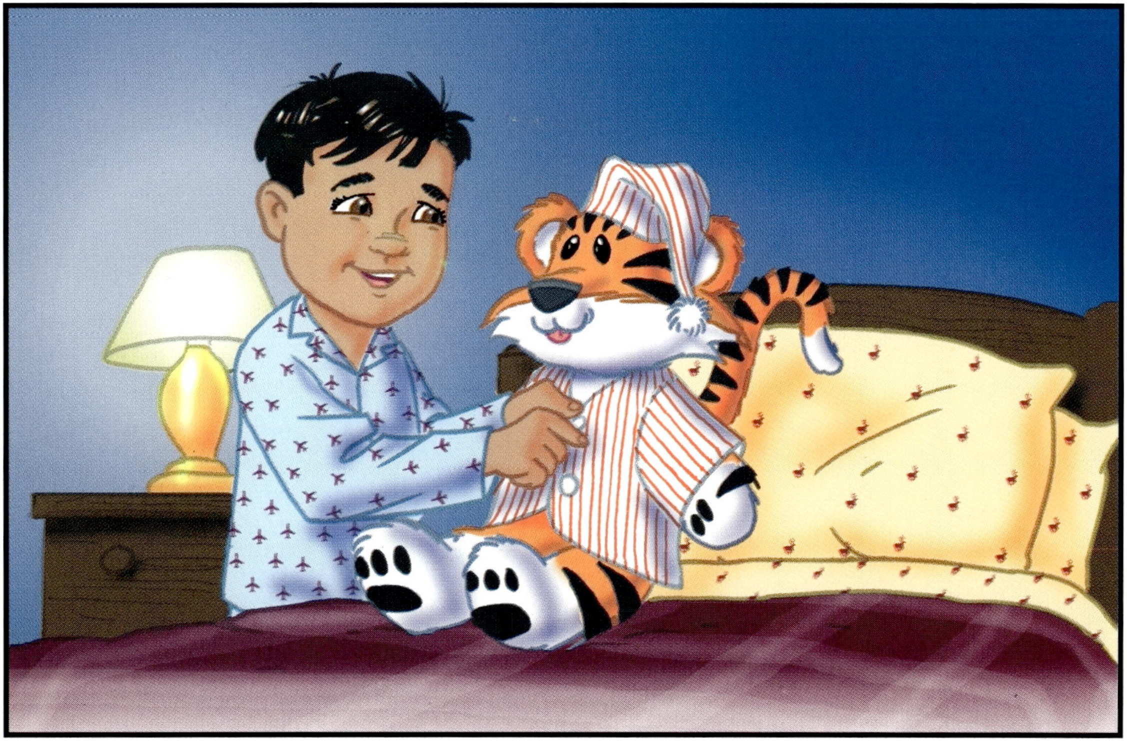

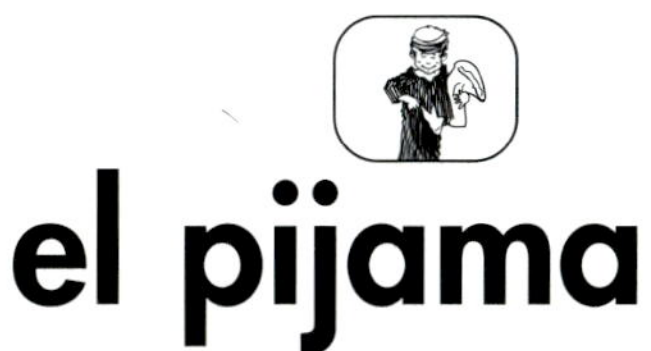

el pijama

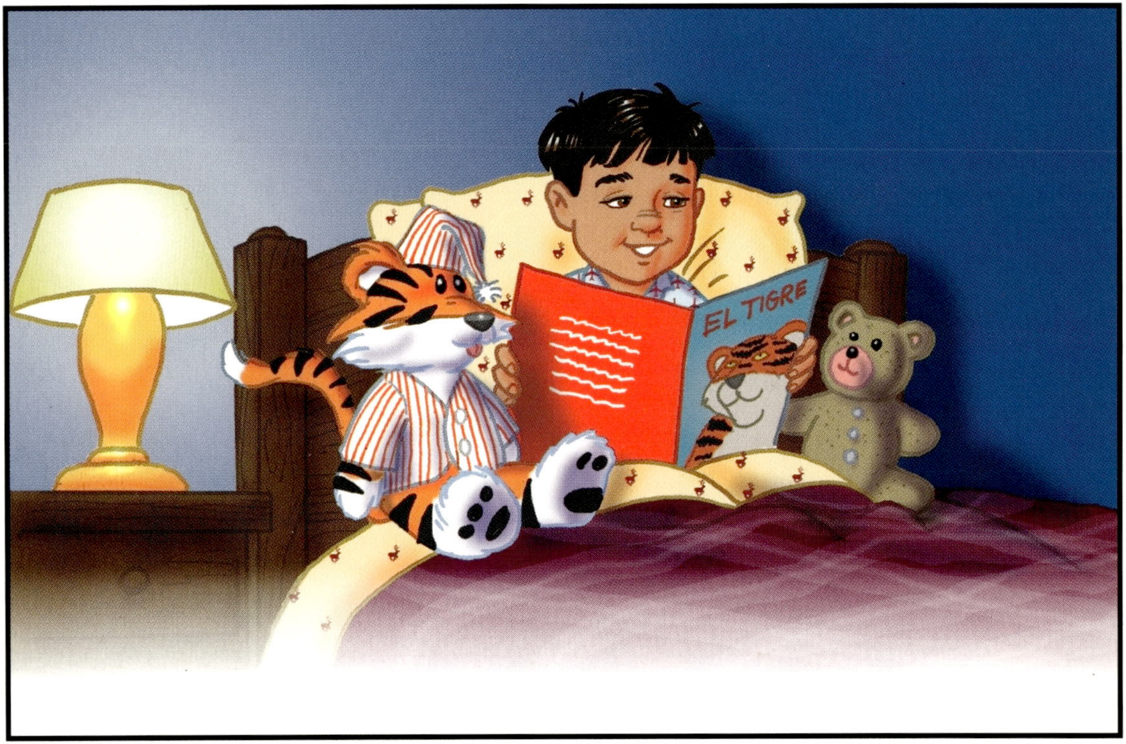

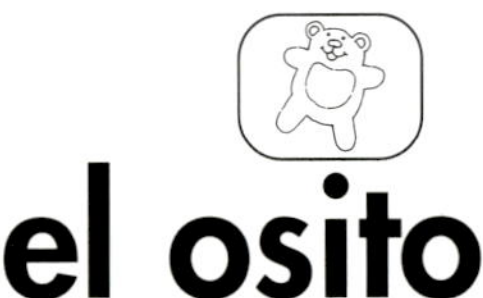

el osito